PISTAS DE ANIMALES

Mi piel tiene bultos y es babosa

por Jessica Rudolph

Consultores:
Christopher Kuhar, PhD
Director Ejecutivo
Zoológicos de la ciudad de Cleveland, Ohio

Kimberly Brenneman, PhD
Instituto Nacional para la Investigación de la Educación Temprana
Universidad de Rutgers
New Brunswick, Nueva Jersey

BEARPORT
PUBLISHING

New York, New York

Créditos
Cubierta, © Marcos Veiga/Alamy; 4–5, © Biosphoto/SuperStock; 6–7, © Jason
Mintzer; 8–9, © iStockphoto/Thinkstock; 10–11, © NHPA/SuperStock; 12–13,
© PhotoAlto/Odilon Dimier; 14–15, © Maximilian Weinzierl/Alamy; 16–17,
© F Rauschenbach/F1 ONLINE/SuperStock; 18–19, © iStockphoto/Thinkstock;
20–21, © iStockphoto/Thinkstock; 22, © NaturePL/SuperStock; 23, © iStockphoto/
Thinkstock; 24, © Marko Masterl (MYN)/Nature Picture Library/Corbis.

Editor: Kenn Goin
Director creativo: Spencer Brinker
Diseñadora: Debrah Kaiser
Editora de fotografía: We Research Pictures, LLC
Editora de español: Queta Fernandez

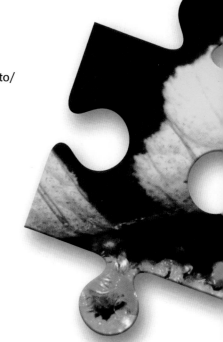

Datos de catalogación de la Biblioteca del Congreso

Rudolph, Jessica, author.
  [My skin is bumpy and slimy. Spanish]
  Mi piel tiene bultos y es babosa / by Jessica Rudolph; consultores: Christopher Kuhar, PhD,
Director Ejecutivo, Zoológicos de la ciudad de Cleveland, Ohio; Kimberly Brenneman, PhD, Instituto
Nacional para la Investigación de la Educación Temprana, Universidad de Rutgers, New Brunswick,
Nueva Jersey.
      pages cm. — (Pistas de animales)
  Includes bibliographical references and index.
  ISBN 978-1-62724-584-5 (library binding) — ISBN 1-62724-584-7 (library binding)
  1. Salamanders—Juvenile literature. I. Title.
  QL668.C2R8318 2015
  597.8'5—dc23
                                2014031738

Para más información, escriba a Bearport Publishing Company, Inc., 45 West 21st Street, Suite 3B,
New York, New York 10010. Impreso en los Estados Unidos de América.

10 9 8 7 6 5 4 3 2 1

Contenido

¿Qué soy?. 4

Datos sobre el animal 22

¿Dónde vivo? 23

Índice 24

Lee más. 24

Aprende más en Internet 24

Acerca de la autora. 24

¿Qué soy?

Mira mis ojos.

Sobresalen de
mi cabeza.

Mi piel tiene bultos y es babosa.

Es negra y
amarilla.

Mi cola es larga.

Es delgada
en la punta.

Tengo dedos
cortos.

11

Mi estómago
está pegado
al suelo.

Tengo una boca ancha.

15

Mi lengua es
rosada.

17

¿Qué soy?

¡Vamos a averiguarlo!

19

¡Soy una salamandra común!

Datos sobre el animal

Las salamandras comunes son anfibias. Como todos los anfibios viven parte de su vida en el agua y parte en la tierra. A diferencia de la mayoría de los anfibios, las salamandras comunes dan a luz criaturas vivas, en lugar de poner huevos. Sus cuerpos también están cubiertos de escamas.

Más datos sobre las salamandras comunes

Comida:	insectos, arañas, lombrices de tierra, babosas y ranitas
Tamaño:	alrededor de 8 pulgadas (20,3 cm) de largo, incluyendo la cola
Peso:	1,4 onzas (40 gramos)
Esperanza de vida:	alrededor de 14 años en su ambiente natural
Dato curioso:	Una salamandra común tiene hoyos diminutos en el lomo por donde sale veneno. El veneno puede hacer daño a cualquier animal que se la quiera comer.

Tamaño de las salamandras comunes

¿Dónde vivo?

Las salamandras comunes viven en Europa, cerca de los estanques. Durante el día se esconden debajo de rocas, hojas y troncos para escapar del calor del sol.

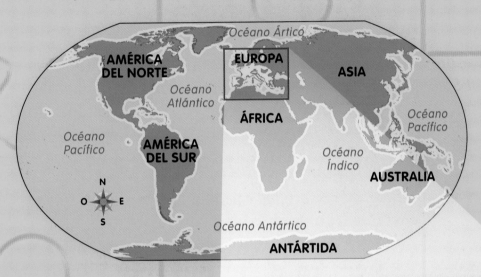

Donde viven las salamandras comunes

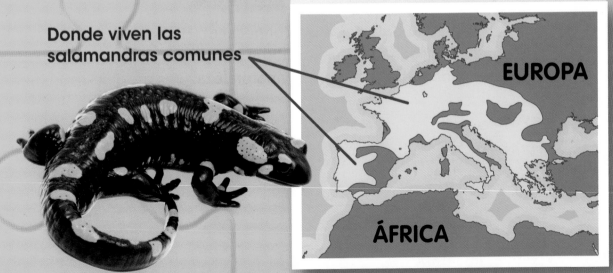

23

Índice

boca 14–15
cola 8–9, 22
dedos 10–11
estómago 12–13

lengua 16–17
ojos 4–5
piel 6–7

Lee más

Bredeson, Carmen. *Fun Facts About Salamanders.* Berkeley Heights, NJ: Enslow (2008).

Kolpin, Molly. *Salamanders (Pebble Plus: Amphibians).* Mankato, MN: Capstone (2010).

Aprende más en línea

Para aprender más sobre las salamandras comunes, visita
www.bearportpublishing.com/ZooClues

Acerca de la autora

Jessica Rudolph vive en Connecticut. Ha escrito y editado muchos libros para niños sobre historia, ciencia y naturaleza.